RESPUESTAS A LOS NUEVOS CRÍTICOS

Por qué confiar *en la* BIBLIA

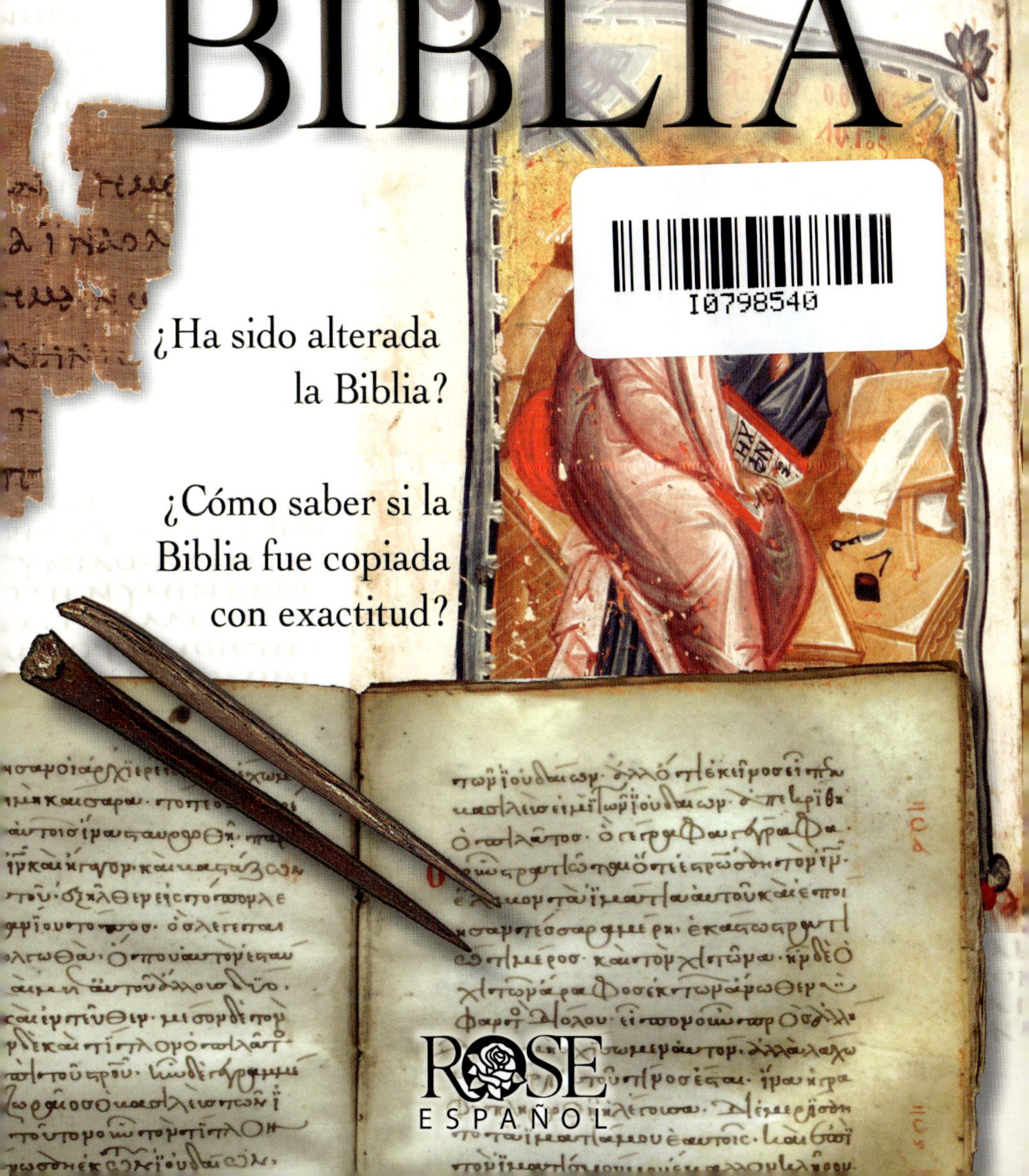

¿Ha sido alterada la Biblia?

¿Cómo saber si la Biblia fue copiada con exactitud?

ROSE ESPAÑOL

¿Podemos confiar en la Biblia?

¿Confiar?

Antes de que se inventara la imprenta, los escribas copiaron los textos de la Escritura a mano por más de mil años

- sin lentes,
- a la luz de las velas,
- valiéndose de plumas de aves y una mezcla de carbón vegetal molido, goma arábiga y agua grabaron las palabras sagradas de la Escritura en la superficie áspera de papiros y pergaminos.

¿Y si los escribas se hubieran equivocado?

Algunos libros publicados recientemente, por ejemplo, *Misquoting Jesus* [Jesús citado de manera errónea], plantean que los escribas *indudablemente* cometieron errores. Sigue una síntesis de afirmaciones recientes sobre los manuscritos bíblicos que se conservan: "No solo no disponemos de los originales (los manuscritos bíblicos originales), sino que tampoco tenemos las primeras copias de los originales. Solo disponemos de copias plagadas de errores, la mayoría escritas siglos después de los originales y diferentes de estos en innumerables instancias. Los errores se repiten y multiplican; en algunos casos fueron corregidos, pero en otros resultaron agravados. Este proceso se prolongó durante siglos. En algunas secciones, sencillamente no tenemos ninguna certeza de haber logrado una reconstrucción fiel del texto. Resulta bastante difícil descubrir el significado del mensaje de la Biblia cuando ni siquiera podemos identificar con exactitud las palabras usadas en determinado texto".[1]

Miles de personas leen y creen estos ataques contra la credibilidad de la Biblia. Por otro lado, la fe de millones sigue basándose en la autoridad de la Biblia como documento coherente y confiable que contiene la verdad sobre Dios. ¿Quién tiene la razón?

¿Acaso la Biblia sigue comunicando las mismas verdades que los autores originales quisieron transmitir? ¿O será verdad que los textos antiguos fueron alterados con tanta ligereza que los biblistas contemporáneos solo cuentan con manuscritos tan plagados de errores que es imposible determinar con certeza el significado de los textos originales?

Con estas preguntas en mente, repasemos la historia de los textos bíblicos para ver qué datos concretos aportan los archivos históricos.

Descubriremos que:

- La Biblia es confiable
- Es posible saber qué dice la Biblia
- Podemos confiar que la Biblia que hoy leemos es fiel a los manuscritos originales, a pesar de que existen diferencias en copias de la antigüedad.

EVANGELIO	FECHA (APROXIMADA)	FUENTE
MARCOS	65 D.C.	Pedro; escrito por Marcos
MATEO	75 D.C.	Mateo
LUCAS	75 D.C.	Lucas, compañero de Pablo
JUAN	90 D.C.	Juan

¿Cómo se transmitieron los relatos?

■ Los autores escépticos afirman:

"[Los Evangelios] fueron escritos entre 35 y sesenta y 65 después de la muerte de Jesús [...] por personas que vivieron en una época posterior, es decir, personas que no fueron testigos oculares". [2]

■ El verdadero fundamento histórico:

(Cortesía de CSNTM.org)

En las epístolas de la antigüedad, el nombre del autor figuraba al comienzo de la carta, como se ve en esta copia de la carta de Pablo a los Romanos. Pero en textos históricos antiguos, como los Evangelios, solía omitirse el nombre del autor.

Sí y no. Aunque es verdad que los Evangelios probablemente se escribieron entre 35 y 65 años después de la muerte de Jesús, disponemos de suficiente evidencia histórica para afirmar que las fuentes de los Evangelios del Nuevo Testamento fueron testigos directos de los hechos de la vida de Jesús. El Evangelio de Marcos apareció alrededor del año 65 d.C., y los Evangelios según Mateo y Lucas comenzaron a circular aproximadamente una década más tarde. El Evangelio de Juan parece haber sido escrito alrededor del 90 d.C. Incluso aceptando estas fechas, debemos como mínimo aceptar que estos libros se hayan nutrido del testimonio de personas que compartieron la vida de Jesús. La aparición del Evangelio de Marcos apenas transcurridos 30 años de la muerte de Jesús indica que es razonable afirmar que los Evangelios, al menos *pudieron* haber sido escrito por testigos oculares.[3]

Sin embargo, determinar la fecha en que se escribieron los Evangelios no es lo más importante. *Lo que verdaderamente importa es determinar si los Evangelios reflejan fielmente el relato de testigos directos de la vida y el ministerio de Jesús*. Según lo recordaban líderes cristianos de la iglesia primitiva como Papías de Hierápolis, Policarpo de Esmirna, e Ireneo de Lyon, cada uno de los cuatro Evangelios del Nuevo Testamento representa el testimonio de testigos directos de la vida de Jesucristo. De acuerdo con las memorias de estos autores –estas presentan todos los indicios de haber sido escritas en el siglo I d.C.:

- Los relatos que registra el Evangelio de Marcos son el testimonio de Pedro, puestos por escrito por su "traductor", Marcos.
- El Evangelio de Lucas combina testimonios escritos y orales de testigos directos compilados por Lucas, médico personal de Pablo.
- Los materiales que solo se encuentran en el Evangelio según Mateo proceden de Mateo, un cobrador de impuestos que dejó una profesión lucrativa para seguir a Jesús.
- Los relatos incluidos en el Evangelio de Juan tienen como fuente al propio apóstol Juan.[4]

■ Los autores escépticos afirman:

"Los relatos basados en narraciones de testigos directos no son necesariamente confiables, y lo mismo puede afirmarse con respecto a innumerables relatos que [...] circularon oralmente mucho tiempo después de ocurridos los hechos".[5]

Notas

1 Fragmentos representativos de Bart Ehrman, *Misquoting Jesus: The Story Behind Who Changed the Bible and Why*, HarperCollins, New York, 2005, pp. 7, 10-11, 57. En adelante, citado como *MJ* seguido del número de página.
2 Bart Ehrman, *Jesus, Apocalyptic Prophet of the New Millennium*, Oxford University, New York, 1999, pp.44-45. En adelante, citado como *JApP* seguido del número de página.
3 R. Bauckham, *Jesus and the Eyewitnesses:The Gospels as Eyewitness Testimony*, William B. Eerdmans, Grand Rapids, MI, 2006, pp. 8-9, 20, 252-289.
4 Eusebio de Cesarea, *Historia Ecclesiastica*, 3:39; 5:8, 20; Bauckham, 14, 295-296; M.Hengel, *The Four Gospels and the One Gospel of Jesus Christ*, trad. al inglés de John Bowden, Trinity Press, Harrisburg, PA, 2000, p.36; C.J.Thornton, *Der Zeuge des Zeugen: Lukas als Historiker der Paulusreisen*, ed. M.Hengel *WUNT* 56, J.C.B.Mohr/Paul Siebeck, Tubingen, Germany, 1991, pp.10-82.
5 *JApP* pp.47-52
6 Para una investigación sobre la oralidad en la tradición rabínica y en la iglesia primitiva, ver A.Millard, *Reading and Writing in the Time of Jesus*, New York University Press, New York, 2000, pp. 188-192; R.Stein, *The Method and Message of Jesus' Teachings* ed. rev., Westminster John Knox, Louisville, KY, 1994, pp. 27-32; J.Harvey, *Listening to the Text: Oral Patterning in Paul's Letters*, Baker, Grand Rapids, 1998.
7 J.D.G. Dunn, *Jesus Remembered*, William B. Eerdmans, Grand Rapids, MI, 2003, pp. 192-254; B.Witherington III, *The Jesus Quest*, InterVarsity Press, Downers Grove, IL, 1995, p.80; ver también J.Vansina, *Oral Tradition as History*, University of Wisconsin, Madison, WI, 1985, pp.15, 190-195.
8 Bart Ehrman, *Peter, Paul, and Mary Magdalene:The Followers of Jesus in History and Legend*, Oxford University, New York, 2006, p.259. En adelante citado como *PPM* seguido del número de página.
9 K. Mac Gregor, «1Corinthians 15:3b-6a, 7 and the Bodily Resurrection of Jesus», en *Journal of the Evangelical Theological Society* 49, junio 2006, pp.225-234.
10 N.T. Wright, *The Resurrection of the Son of God*, Fortress, Philadelphia, PA, 2003, pp.318-319.
11 La expresión repetida una y otra vez y traducida como «y que» es el *vav* consecutivo característico de las lenguas semíticas. Ver P.Lapide, *The Resurrection of Jesus: A Jewish Perspective*, Augsburg, Minneapolis, MN, 1983, pp.98-99; G.Fee, *The First Epistle to the Corinthians*, Eerdmans, Grand Rapids, MI, 1987, pp.719, 722-726.
12 G.Ludemann, *The Resurrection of Jesus*, SCM, London, UK, 1994, p.38; R.Funk et al., *The Acts of Jesus*, Polebridge, San Francisco, CA, 1998, p.454.
13 H.Bloom, *Jesus and Yahweh*, Riverhead, New York, 2005, p.19.
14 *JApP* p.45.
15 Millard, pp. 28-29. Algunos estudiosos sostienen que los apóstoles sabían leer y escribir y que portaban *pinakes* en las que anotaban los dichos de Jesús. En mi opinión, esto supone un grado de alfabetización en Galilea y Judea superior al que la evidencia indica, particularmente en sectores sociales como el de los pescadores. Para más información y referencias, ver B.Gerhardsson, *The Origins of the Gospel Traditions*, SCM, London, UK, 1979, pp.68-161, y S.Lieberman, *Hellenism in Jewish Palestine*, JTS, New York, 1962, p.203.
16 La gran cantidad de recibos de pago de impuestos romanos, escritos en griego y conservados hasta nuestros días, corroboran este dato. La evidencia epigráfica incluye no solo recibos de cobro breves, con fórmulas sencillas para ver ejemplos, consultar las numerosas ostraca de Elefantina y de Egipto en U.Wilken, *Griechische Ostraka aus Aegypten und Nubien*, Ayer, Manchester, NH, 1979, y en F.Presiigke et al., *Sammelbuch griechischer Urkunden aus Aegypten*, Walter de Gruyter, Berlin, 1974 sino también recibos de cobro más extensos y complejos escritos en papiro, por ejemplo, *POxy* 51:3609.
17 Millard, pp.31, 170. Ver la documentación impositiva anterior a la era cristiana y de los siglos I y II d.C. en los papiros Oxyrhynchus *POxy* 49:3461; *POxy* 62:4334; *POxy*24:2413; *POxy* 45:3241, y *POxy* 66:4527, así como también acuerdos contractuales más extensos, por ejemplo, el papiro *POxy* 43:3092 del siglo III.
18 J. Huskinson, *Experiencing Rome: Culture,Identity, and Power in the Roman Empire*, Routledge, London, UK, 2000, pp.179-180; Nutton, pp.263-264. Para algunos ejemplos del nivel de alfabetización entre los médicos de la antigüedad, ver *PMich* 758; *POxy* 44:3195; *POxy* 45:3245; *POxy* 54:3729; *POxy* 63:4366; *POxy* 63:4370; *POxy* 64:4441; *POxy* 66:4529.
19 Millard, pp. 176-185; R.Cribbiore, *Writing, Teachers, and Students in Graeco-Roman Egypt*, Scholars, Atlanta, GA, 1996, pp.1-5.
20 Ehrman parece creer que el hecho de que un escriba redactara el texto en nombre de Pablo supone un problema para las personas que consideran el texto bíblico como verdad divina (*MJ*59). Sin embargo, recurrir a los servicios de un escriba no implica la exclusión de Pablo como fuente de la epístola. Sin duda, el texto de la carta debía ser aprobado por el apóstol previo a su envío.
21 Es fundamental señalar que en la antigüedad se le atribuía la autoría de un texto a una persona aun cuando esta hubiera recurrido a un escriba para ponerlo por escrito. Nótese la afirmación de Pablo en Romanos 15:15: «les he escrito», a pesar de que la carta fue escrita por Tercio (ver Romanos 16:22). Con relación a las tradiciones orales en el antiguo imperio romano, por lo visto los escribas ponían por escrito lo que el autor-orador decía en forma oral. Luego, el mensajero portador del documento reproducía la versión oral original. Ver J.Small, *Wax Tablets of the Mind: Cognitive Studies of Memory and Literacy in Classical Antiquity*, Routledge, New York, 1997, pp.160-201; Gregory Snyder, *Teachers and Texts in the Ancient World: Philosophers, Jews and Christians*, Routledge, London, UK, 2000, pp.191, 226-227; R.Thomas, *Literacy and Orality in Ancient Greece*, Cambridge University Press, Cambridge, UK, 2002, pp.36-40, 124-125.
22 Bart Ehrman, *Misquoting Jesus*, edición rústica, ampliada, HarperSan Francisco, New York, 2007, p.254.
23 Gleason Archer, *A Survey of Old Testament Introduction*, Moody Press, Chicago, IL, 1994, p.29.
24 *MJ* pp.7, 10-11.
25 D.Wallace, «The Gospel according to Bart», en *Journal of the Evangelical Theological Society* 49, junio 2006, p.330.
26 *MJ* p.149
27 Bruce Metzger and Bart Ehrman, *The Text of the New Testament: Its Transmission, Corruption, and Restoration*, Oxford University Press, New York, 2005, pp. 288-290.
28 Aunque concuerdo con Ehrman en que «Junia» era una mujer, en honor a la verdad, el caso no es tan claro como él lo presenta. Ver un punto de vista alternativo en D.Wallace, «Junia among the Apostles», extractado el 1 diciembre 2006 de: http://www.bible.org/page.php?page_id=1163/.
29 *MJ* sobrecubierta del libro.
30 Bart Ehrman, *Lost Christianities*, Oxford University Press, New York, 2003, pp. 54, 230.
31 Ehrman ubica el surgimiento de este principio en fecha posterior y lo resume así: Los textos que gozaban de autoridad debían ser «antiguos» (de la época de Jesús) y «apostólicos» (de los primeros seguidores de Jesús o sus colaboradores) (*LC* pp. 242-243). Tal como lo señala Ehrman, tiempo después otros dos criterios se sumaron a la antigüedad y la apostolicidad; los criterios adicionales fueron *catolicidad* (uso extendido entre los cristianos) y *ortodoxia* (concordancia con otros textos de la Escritura). Todo parece indicar que los primeros cristianos no establecían diferencia entre las tres categorías: *ortodoxia, apostolicidad* y *antigüedad*; los tres criterios se basaban en el supuesto de que el testimonio directo gozaba de autoridad.
32 *MJ* p.153
33 *MJ* pp. 7, 11.
34 Millard, p.20, pp.33-34.
35 "Age iam, qui uoles curiositatem melius exercere in negotio salutis tuae, percurre ecclesias apostolicas apud quas ipsae adhuc cathedrae apostolorum suis locis praesident, apud quas ipsae *authenticae litterae* eorum recitantur sonantes uocem et repraesentantes faciem uniuscuiusque" (Tertuliano de Cartago, *De Praescriptione Haereticorum*, 36:1. Extraído del sitio http://www.tertullian.org/ el 4 de noviembre de 2006)
36 *Carta a los Efesios* 10:2; 14:2; 18:1; 20:2; *Carta a los Magnesios* 5:1; *Carta a los Tralianos* 1:3; 12:3; *Carta a los Romanos* 5:1-2; 6:1; *Carta a los Esmirnianos* 3:1-2; 6:1; *Carta a Policarpo* 1:2; 2:2; 5:1.
37 F.F. Bruce, *Los documentos del Nuevo Testamento: ¿Son confiables?* (Downers Grove, IL: Inter Varsity, 1972) 20.

(Cortesía de CSNTM.org)

apóstol Juan incluida al comienzo del
le Juan en un manuscrito del siglo XIII.

1 Cor.15:1-7; 1 Jn. 2:22;4:1-3). Según el testimonio de quienes conocieron a Jesús, negar tales verdades implicaba quedar excluido de la comunión con Jesucristo y sus seguidores (ver 1 Jn. 4:1-6).

¿Qué grado de credibilidad tiene la Biblia?

■ Los autores escépticos afirman:

"Además de no disponer de los originales [manuscritos originales de los textos bíblicos], tampoco tenemos las primeras copias de los originales [...] Solo tenemos copias tardías – copias realizadas mucho tiempo después".[33]

■ El verdadero fundamento histórico:

Aunque efectivamente los manuscritos originales de los autores bíblicos se perdieron –tal vez jamás sean recuperados– las copias que hoy tenemos reflejan de manera fidedigna el mensaje inspirado de los autores. En la antigüedad, la gente no veneraba los manuscritos originales de autores importantes; tan pronto los documentos comenzaban a deteriorarse dificultando la lectura, hacían copias fieles y no conservaban los originales[34] sino los quemaban o enterraban. En ocasiones, se raspaba la tinta del documento original y se rescribía sobre el mismo pergamino.

A pesar de las afirmaciones de los críticos, *sí* existe la posibilidad de disponer de copias de primera generación de los manuscritos originales del Nuevo Testamento. En el año 200 d.C. las iglesias de Corinto, Filipos, Tesalónica, Éfeso y Roma aún tenían en su poder manuscritos originales de los autores apostólicos.[35] En Egipto se encontraron numerosas porciones del Nuevo Testamento copiadas entre los años 100 d.C. y 200 d.C.; es perfectamente verosímil que los escribas hayan copiado al menos algunos de estos documentos directamente de los manuscritos originales.

De todos modos, lo que realmente importa no es la *antigüedad* de los manuscritos existentes sino su *credibilidad*. Al comparar los manuscritos se observa absoluta coincidencia entre ellos casi en el 100% de los casos, y con respecto a las diferencias halladas, *ni una sola de ellas* afecta de manera significativa ningún aspecto de la fe cristiana.

Palabras finales

En conclusión, ¿se darán a conocer nuevos y extraordinarios descubrimientos sobre los Evangelios –descubrimientos que pretenderán demostrar que estos documentos no contienen la verdad evangélica? ¡Sin ninguna duda! La Santa Biblia ha resistido miles de intentos de socavar su autoridad y aniquilar la verdad encerrada en sus páginas, pero nadie lo ha logrado hasta hoy. La verdad y la autoridad de la Escritura se mantienen firmes a pesar de todos y cada uno de los intentos de presentarlas como ineficaces o inoperantes. En síntesis, ¿podemos confiar en la Biblia? *¡Sí!*

El verdadero fundamento histórico:

En una cultura caracterizada por la tradición oral, como lo fue el mundo bíblico, era posible conservar la fidelidad de los relatos orales por mucho tiempo. En cambio, en nuestra sociedad moderna, al contar con buena educación y toda clase de facilidades para escribir, nos hemos acostumbrado a registrar *por escrito* toda información importante. Pero en la antigüedad, y particularmente entre los judíos, las enseñanzas importantes se aprendían mediante repetición de estructuras rítmicas y reiteradas que permitían que los estudiantes memorizaran verdades fundamentales.[6] Estas enseñanzas se conocían como *relatos orales*. Gracias a este método se logró que enseñanzas y relatos sobre acontecimientos históricos mantuvieran una coherencia sorprendente al pasar de una generación a otra.[7] Gran parte del Antiguo Testamento y algunas porciones del Nuevo, como por ej. el testimonio directo sobre los acontecimientos narrados en Lucas 1:2, deben de haberse transmitido verbalmente como relatos orales antes de que se los pusiera por escrito.

Esta pintura
en las ruinas
muestra cuá
estaba el usc
encerada y e
hacer anc

Los autores escépticos afirman:

"Hoy nosotros calificaríamos de absoluta ligereza la manera en que se introdujeron cambios en los relatos del Nuevo Testamento. Los textos fueron modificados, ampliados o adornados y, en ocasiones, directamente inventados".[8]

El verdadero fundamento histórico:

Los relatos sobre Jesús incluidos en el Nuevo Testamento no fueron inventados ni modificados con "absoluta ligereza". Los relatos orales sobre la vida de Jesús y la primera iglesia surgieron entre los testigos directos poco después de ocurridos los hechos, y estos relatos mantuvieron su coherencia mientras se difundían a lo largo y ancho del imperio romano.

A modo de ejemplo, veamos uno de estos segmentos de historia oral, luego puesto por escrito en 1 Corintios 15:3-7.[9] ¿Cómo sabemos que estas palabras del apóstol Pablo representan parte de la tradición oral sobre Jesús? Pablo comienza su recapitulación con dos palabras griegas: *paradidomi* ("entregado") y *paralambano* ("recibido"), las cuales indicaban que se trataba de una tradición oral. Los lectores de la antigüedad sabían que la conjunción de estos dos términos implicaba que el autor estaba citando fuentes orales.[10]

Un rápido análisis de estos versículos revela cuán pronto surgieron relatos orales entre los testigos directos de la vida de Jesús y la coherencia que mantuvieron estas tradiciones. Aun cuando Pablo

La palabra "*canon*" proviene del término griego *kanon*, que significa "vara de medir". En el siglo IV d.C., se dio el nombre de "canon" a los documentos cuya autoridad fue reconocida por los cristianos porque estos testimonios permitían medir la fidelidad de la Iglesia a Jesucristo. Los cristianos adoptaron el canon hebreo –los libros que hoy conocemos como el Antiguo Testamento– porque creyeron que el Dios de la Escritura hebrea era el Padre de Jesucristo. En cuanto al Nuevo Testamento, cada documento debía estar relacionado con un testigo ocular de la resurrección del Señor, debía ser aceptado por todas las iglesias en el mundo conocido, y no debía contradecir otros documentos sobre Jesús.

escribió en griego, al hablar de Pedro usaba el nombre arameo "Cefas". A esto se agrega la repetición de la frase "y que", que es la traducción griega de la expresión usada en arameo para unir dos proposiciones.[11] La estructura gramatical de estos versículos pone en evidencia que el relato oral fue originalmente transmitido en arameo. Ahora bien, ¿en qué lugar se hablaba arameo? En Judea y Galilea, las regiones que Jesús recorrió durante su ministerio y el lugar donde murió y resucitó. ¿En qué momento habrá escuchado Pablo el relato de la muerte y la resurrección de Jesús en arameo? La evidencia sugiere que pudo haber sido alrededor del año 35 d.C., fecha en que Pablo estuvo en Jerusalén y oyó el relato de boca de un testigo directo (Gálatas 1:18). Los estudiosos sostienen que el hecho de que Pablo haya recibido un relato coherente en arameo en aquel momento prueba que este relato –una tradición que confirma los datos esenciales de la resurrección de Jesús– surgió en las cercanías de Jerusalén poco después de la crucifixión de Jesús.[12]

encontrada
de Pompeya
n extendido
de la tablilla
estilo para
taciones.

A partir de este pequeño fragmento de historia oral surge claramente que los primeros cristianos no alteraron los relatos con ligereza. De otro modo, no se entiende cómo Pablo –tres años después de su visita a Corinto– pudo decirles a los corintios, inmediatamente antes de citar la mencionada tradición oral: "Ahora, hermanos, quiero recordarles el evangelio que les prediqué", dando a entender que usaba un lenguaje similar en los diferentes lugares donde predicaba (1 Corintios 15:1 NVI) Es evidente que este ejemplo de relato oral sobre la vida de Jesús *no* fue "inventado" mucho después de ocurridos los hechos ni "alterado con absoluta ligereza", como afirman los escépticos. Por el contrario, esta tradición oral sobre Jesús surgió poco después de su resurrección y se transmitió prácticamente sin variantes a través del imperio romano.

■ Los autores escépticos afirman:

"En el Nuevo Testamento no hay una sola frase referida a Jesús escrita por alguien que haya conocido personalmente al 'involuntario' rey de los judíos".[13] Los seguidores de Jesús [...] pertenecían fundamentalmente a la clase baja, como por ejemplo pescadores y artesanos, no hablaban griego sino arameo [...]

Por último, resulta improbable que los discípulos de Jesús, hombres de clase baja, analfabetos sin educación, hayan desempeñado un papel importante en la redacción de las composiciones literarias que la historia les atribuyó". [14]

(Cortesía de la Colección Schøyen, Oslo y Londres)

Este resumen de un manual de medicina, copiado poco antes de la época de Jesús, muestra el nivel de educación de los médicos del siglo I, como Lucas.

■ El verdadero fundamento histórico:

No todos los seguidores de Jesús eran analfabetos, y si bien algunos de ellos sí lo eran, incluso las personas pertenecientes a la clase trabajadora podían contratar los servicios de los escribas –personas competentes para traducir al griego culto un relato oral.

documentos debían sustentarse en el testimonio fidedigno dado por testigos directos del ministerio de Jesucristo.

A la hora de decidir qué documentos del Antiguo Testamento debían ser aceptados, los cristianos adoptaron los libros incluidos en la Escritura hebrea. Cuando alrededor del año 200 a.C. se tradujo la Septuaginta, una versión en griego popular de los textos sagrados hebreos, los traductores incluyeron algunos documentos judíos que nunca habían sido incluidos en la Escritura hebrea y que fueron rechazados por los rabinos judíos en el Concilio de Jamnia (Yavne), alrededor del año 90 d.C. La Iglesia Católica Romana y la Iglesia Ortodoxa Oriental reconocen la autoridad de estos libros agregados por la Septuaginta y los incluyen en sus ediciones de la Biblia bajo el nombre de "libros deuterocanónicos" o "apócrifos".

■ Los autores escépticos afirman:

Entre los primeros cristianos "no había acuerdo canónico ni acuerdo teológico. Por el contrario, existía gran diversidad: diferentes grupos afirmaban teologías diversas sobre la base de diversidad de documentos, todos ellos con la pretensión de haber sido escritos por apóstoles de Jesús".[32]

Pintura de
Evangelio

■ El verdadero fundamento histórico:

Entre quienes convivieron con Jesús, muy pronto se logró consenso con respecto a la identidad de Jesús y la casi totalidad de los libros bíblicos. Es verdad que hubo núcleos de creencias divergentes que se manifestaron en algunas de las primeras comunidades cristianas. También es verdad que las disputas sobre unos pocos libros de la Biblia se extendieron más allá de los siglos I y II. Sin embargo, los que convivieron con Jesús lograron consenso en relación a la naturaleza de Jesús aun antes de que el Nuevo Testamento se terminara de escribir. Al promediar el siglo II, o quizá antes, se logró el consenso con respecto a la casi totalidad de los libros del Nuevo Testamento. Según datos registrados en el Nuevo Testamento –los documentos sobre Jesús escritos en época temprana y, por lo tanto, relacionados con testigos directos de su ministerio– Jesús era a la vez de naturaleza humana y divina: era el rey y el mesías prometido en la Escritura hebrea, había resucitado físicamente, y solo si confiamos en Él podremos disfrutar de la vida tal como Dios la proyectó para la humanidad, no solo aquí y ahora sino también en la eternidad (ver Juan 20:28-31;

200 d.C.

c. 69–c. 155: Policarpo de Esmirna fue discípulo de Juan, el autor del Evangelio. Policarpo sufrió el martirio a causa de su fe en el año 155 ó 156 d.C.

130–202: Ireneo de Lyon repitió las mismas tradiciones que Papías había transmitido casi un siglo antes, y agregó: "Los herejes se jactan de poseer más Evangelios que los que verdaderamente existen [...] Pero solo existen cuatro Evangelios auténticos; solo estos fueron escritos por los verdaderos discípulos de Jesús".

■ El verdadero fundamento histórico:

Esta afirmación desconoce varios hechos clave relativos a la selección de los libros del Nuevo Testamento. Es verdad que Atanasio fue el primer autor que presentó la lista de los veintisiete libros que hoy integran el Nuevo Testamento. Pero ya desde el comienzo los cristianos habían aceptado en forma unánime los cuatro Evangelios, los Hechos, las cartas de Pablo y la primera epístola de Juan. Y si bien las controversias por algunos libros del Nuevo Testamento se prolongaron hasta el siglo IV, a partir del siglo I hubo consenso generalizado entre los cristianos con respecto a los escritos de autoridad indiscutida. El criterio primario para decidir a qué libros se les reconocía autoridad surgió mucho antes del siglo IV, y ese estándar no dependía de la palabra de un obispo influyente. De hecho, es posible rastrear un esbozo de este estándar en escritos cristianos del siglo I d.C. El principio rector era el siguiente: *Todo testimonio relacionado con los testigos oculares del Señor resucitado gozaba de una autoridad incuestionable entre los primeros cristianos*.[31] Desde el comienzo, solo se aceptaba la autoridad del testimonio sobre Jesucristo cuya fuente eran los testigos directos del Señor resucitado. Incluso mientras se escribían los libros del Nuevo Testamento, la palabra de las personas que habían visto y seguido al Señor resucitado tenía un peso especial en las iglesias (ver Hechos 1:21-26; 15:6–16:5; 1 Corintios 4–5;9:1-12; Gálatas 1:1-12; 1 Tesalonicenses 5:26-27). La lógica detrás de este criterio era sencilla: las personas que habían conocido personalmente a Jesús y sus colaboradores más cercanos estaban en mejores condiciones de conocer la verdad sobre la vida de Jesús.

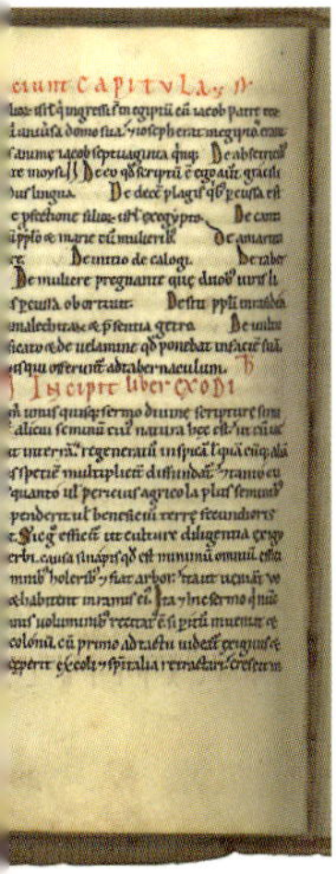

ión Schøyen, Oslo y Londres)

nes de Orígenes, ejandría en el siglo nocimiento explí- ridad de los textos Testamento.

Aunque los debates sobre algunos documentos –entre ellos, las cartas de Pedro, la segunda y tercera carta de Juan, y las cartas de Santiago y Judas– se sucedieron hasta bien entrado el siglo IV, ya en el siglo II hubo acuerdo generalizado entre los cristianos con respecto a la autoridad de no menos de diecinueve libros del Nuevo Testamento, y precisamente son estos los documentos que contienen las verdades fundamentales sobre Jesús. Aun cuando estos fueran los únicos documentos que registraran el testimonio de personas que conocieron a Jesús en vida, cada una de las verdades fundamentales de la fe cristiana permanecería intacta. Todo este proceso estuvo guiado por la convicción de que dichos

150 d.C.

c. 60–c. 135: Papías de Hierápolis fue discípulo de Juan, el autor del Evangelio. Papías recogió varias tradiciones antiguas sobre el origen de los Evangelios.

c. 35–c. 117: Ignacio de Antioquía fue discípulo de Juan, el autor del Evangelio. Mientras marchaba para ser martirizado en Roma, durante el reinado de Trajano, escribió siete cartas a las iglesias. En estas cartas, citó frases que se encuentran en los Evangelios de Mateo y Lucas, y también en Hechos, Romanos, 1 Corintios, Efesios, Colosenses y 1 Tesalonicenses.[36] Estas citas permiten comprobar que los primitivos cristianos reconocían la autoridad de dichos textos.

En el libro que lleva el nombre de "Mateo" se presenta al apóstol Mateo como un cobrador de impuestos (Mateo 10:3). Es bastante improbable que alguno de los primeros cristianos inventara este dato profesional. Debido a que las autoridades romanas esperaban que los cobradores forjaran su fortuna personal estafando a la gente, los cobradores de impuestos rara vez encabezaban la lista de personajes populares entre el pueblo. Pero poseían una cualidad indiscutida: *sabían leer y escribir*. Los cobradores de impuestos llevaban consigo *pinakes*, tablillas recubiertas con cera de abejas compuestas por varios paneles unidos por una bisagra.[15] Escribían sobre la cera con un estilo o punzón y luego, esas notas podían ser traducidas y transcriptas en un papiro.[16] Además, a través de papiros hallados en Egipto sabemos que los cobradores de impuestos también emitían recibos para los contribuyentes de su ciudad o aldea.[17] Por consiguiente, un cobrador de impuestos como Mateo *no* podía ser analfabeto puesto que el trabajo cotidiano de un cobrador de impuestos de Galilea implicaba apuntar y registrar datos en más de un idioma.

Analicemos el caso de otro personaje cuyo nombre fue atribuido a uno de los Evangelios: Lucas, el compañero de Pablo. Si se lo compara con otras personas del Nuevo Testamento, Lucas resulta un personaje bastante desconocido. Su nombre aparece solo en tres ocasiones, en cartas atribuidas a Pablo (Colosenses 4:14; Filemón 1:24; 2 Timoteo 4:11). Teniendo en cuenta que otros compañeros de viaje de Pablo ocupan un lugar mucho más prominente –por ejemplo, Timoteo, Bernabé o Silas–, es difícil imaginar por qué alguien le atribuiría a Lucas el tercer Evangelio a menos que, claro está, Lucas *sea* efectivamente el autor del libro que lleva su nombre.

Según Colosenses 4:14, Pablo veía a Lucas como "el médico amado". Los médicos de la antigüedad deben de haber tenido, al menos, la capacidad de leer resúmenes del saber médico que tuvo un importante desarrollo en el siglo I. Los papiros hallados en Egipto prueban que muchos médicos escribían informes para la autoridad pública relativos a lesiones sospechosas así como también documentos para los dueños de esclavos, certificando la salud de estos.[18] Es, por tanto, bastante improbable que Lucas fuera analfabeto. Además, muchos médicos eran capaces de reunir en un único informe el testimonio de varios testigos, tal como lo muestra el prefacio del Evangelio según Lucas (Lucas 1:1-4).

(Cortesía de CSNTM.org)

El papiro 52 de la Biblioteca Rylands contiene fragmentos de Juan 18. El estilo y el material usado sugieren que el texto fue copiado alrededor del año 110 d.C.

Solo restan Marcos y Juan. Aunque no contamos con evidencia fehaciente, es *probable* que estos dos discípulos no hayan sabido leer ni escribir. Sin embargo, en siglo I d.C. se podían contratar los servicios de un escriba para traducir textos escritos en diferentes idiomas, incluidas traducciones del arameo al griego culto. Los títulos de propiedad complejos, las epístolas dirigidas a familiares, y aun sencillos recibos comerciales, todos requerían la competencia de un secretario y constituían el sustento de gran cantidad de escribas.[19] Pablo, por ejemplo, sabía escribir en griego (Gálatas 6:11; Filemón 1:19-21), sin embargo, hubo escribas que le escribieron las cartas (ver Romanos 16:22, y también 1 Pedro 5:12).[20] Es perfectamente posible que Marcos y Juan hayan empleado escribas profesionales para escribir en griego sus relatos sobre la vida de Jesús. Si así fuera, de todos modos los dos discípulos seguirían siendo las *fuentes* de estos Evangelios.[21]

¿Podemos afirmar que los textos bíblicos fueron copiados fielmente?

■ Los autores escépticos afirman:

"El [Antiguo Testamento] presenta numerosos problemas textuales, como quedó demostrado, por ejemplo, a partir del descubrimiento de los rollos del Mar Muerto".[22]

■ El verdadero fundamento histórico:

La verdad es que los rollos del Mar Muerto probaron exactamente lo contrario. El hallazgo de los rollos permitió comprobar cuán cuidadosamente se habían copiado los textos del Antiguo Testamento a través de los siglos. Alrededor del año 900 d.C., casi un milenio después de la época de Jesús, grupos de escribas judíos llamados "masoretas" comenzaron a copiar el Antiguo Testamento siguiendo pautas extremadamente estrictas. Los masoretas produjeron copias con exactitud casi perfecta. Hasta el descubrimiento de los rollos del Mar Muerto, los textos masoréticos eran los manuscritos más antiguos que se conocían del Antiguo Testamento. El hallazgo de los rollos, a mediados del siglo XX, permitió a los especialistas comparar el texto de Isaías recién descubierto con el texto de Isaías conservado por los masoretas. El estudio reveló que, a pesar de los más de mil años que separaban a los rollos del Mar Muerto de los textos masoréticos, la coincidencia término a término de ambos textos ¡superaba el 95%![23] Las diferencias en el 5% restante se debían fundamentalmente a variantes gráficas de menor importancia. Y con respecto a los rollos que presentan más diferencias que los de Isaías –las copias de 1 y 2 Samuel y Deuteronomio, por ejemplo– en ningún caso las diferencias comprometen puntos fundamentales de la fe judía ni cristiana.

> ***Sir Frederic Kenyon,*** ex director del Museo Británico, expresó lo siguiente con relación a los Evangelios: "El lapso comprendido entre la fecha de la redacción original y la evidencia más antigua existente [es] tan breve que resulta insignificante, y el argumento final para alejar toda duda de que la Escritura llegó hasta nosotros esencialmente como fue escrita en sus orígenes".[37]

■ Los autores escépticos afirman:

"El número de diferencias entre los manuscritos supera el número de palabras del Nuevo Testamento [...] Solo poseemos copias plagadas de errores, la mayoría de las cuales fueron creadas siglos después de los originales y difieren de estos [...] en mil y una maneras".[24]

■ El verdadero fundamento histórico:

Casi el cien por ciento de las variantes en el Nuevo Testamento resulta imperceptible al traducir los textos, y el resto de las diferencias no afectan ningún aspecto esencial de la fe cristiana.[25]

El verdadero fundamento histórico:

Esta afirmación es completamente falsa. La fe de los cristianos en la naturaleza divina de Jesús, en la naturaleza trinitaria de Dios, y en el origen divino de la Escritura nació mucho antes de que se escribiera la totalidad de los libros del Nuevo Testamento. Ninguna de estas expresiones de fe depende de textos bíblicos alterados o dudosos. Es verdad que un versículo que menciona la Trinidad no se encontraba en el texto bíblico original; la segunda mitad de 1 Juan 5:7 que en manuscritos posteriores reza: "Tres son los que dan testimonio en el cielo: el Padre, el Verbo y el Espíritu Santo; y estos tres son uno" (RVR95), no figura en los manuscritos más antiguos del Nuevo Testamento. Pero la doctrina de la Trinidad no descansa sobre este versículo; la naturaleza trinitaria de Dios que es a la vez tres y uno queda claramente establecida en Mateo 28:19 cuando Jesús ordena a sus seguidores que bauticen en el *nombre* (singular) del Padre, el Hijo y el Espíritu. Así también, las copias más antiguas de 1 Timoteo 3:16 dicen: "Grande es el misterio de la piedad: El fue manifestado en la carne" (LBLA), mientras que algunos manuscritos posteriores dicen: "Dios fue manifestado en carne" (RVR95). Pero, una vez más, la doctrina del origen divino de Jesús *no* descansa sobre este texto; la naturaleza divina de Jesús queda claramente establecida a partir de varios textos indiscutibles, entre ellos, Juan 20:28, el momento en el que Tomás reconoce a Jesús como Señor y Dios. Ninguna afirmación fundamental de fe del cristianismo se ve comprometida por variantes en los manuscritos bíblicos.

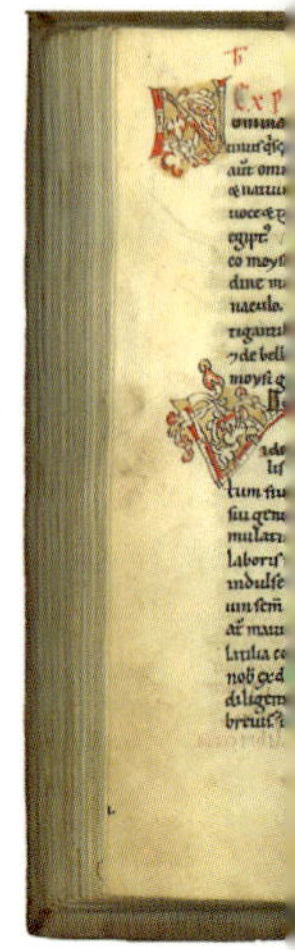

(Cortesía de la Colec

En los serm
teólogo de A
III, hay un rec
cito de la autc
del Nuev

¿Quién decidió qué libros incluir en mi Biblia?

Los autores escépticos afirman:

"Muchos cristianos hoy piensan que el canon del Nuevo Testamento simplemente surgió en un momento dado, poco después de la muerte de Jesús, pero esta visión está muy alejada de la realidad. La verdad es que podemos señalar con toda precisión el momento en que un cristiano reconocido confeccionó por primera vez una lista de veintisiete libros, ni uno más ni uno menos, y los presentó como *los* libros del Nuevo Testamento [...] En el año 367 d.C., Atanasio, en su carta pastoral anual a las iglesias bajo su jurisdicción en Egipto [...], incluyó los veintisiete libros que hoy conocemos, y excluyó el resto".[30]

100 d.C.

57–62: Pablo fue arrestado en Jerusalén y permaneció dos años bajo custodia romana antes de apelar ante el César (Hechos 21-28).

. Según el historiador romano Suetonio, Claudio César expulsó a los judíos de ados por un tal Cresto», posiblemente una alusión a Jesucristo (Hechos 13-15).

spués de soportar el yugo impuesto por las autoridades romanas, los judíos se levantaron en armas. secuencia de la rebelión judía, los romanos destruyeron el templo de Jerusalén en el año 70 d.C.

Es posible que en una época posterior al Nuevo Testamento algunos escribas hayan alterado textos que le concedían un lugar destacado a las mujeres. Por ejemplo, en Romanos 16:7 se describe a una persona llamada "Junia" –supuestamente, un nombre de mujer– como alguien "destacado entre los apóstoles". Pero, aparentemente, un escriba posterior cambió "Junia" por "Junias", que es nombre de varón.[28] En los manuscritos más antiguos de Hechos 18:26 se describe a una mujer llamada Priscila como maestra principal de Apolos. Siglos más tarde, un copista cambió el orden de los nombres y colocó en primer lugar el nombre del esposo de Priscila. De todos modos, estas modificaciones son evidentes y fáciles de detectar.

OBRAS DE PLATÓN	NUEVO TESTAMENTO
• Escritas alrededor del año 400 a.C. • Solo se conservan siete copias • El manuscrito más antiguo disponible fue copiado entre los años 800 y 900 d.C. –más de 1200 años después de la redacción de los documentos originales.	• Escrito entre el año 60 y 100 d.C. • Se han conservado más de 5700 textos • Se conservan manuscritos completos del Nuevo Testamento de finales del siglo III y comienzos del siglo IV –menos de tres siglos después de la redacción de los originales. • Cientos de fragmentos y manuscritos de los siglos II, III y IV se conservaron hasta nuestros días.

Incluso en el limitado número de casos que permanecen inciertos, el problema no radica en los textos en sí mismos. La dificultad surge de la decisión de algunas personas de tergiversar el texto bíblico a fin de promulgar actitudes negativas hacia las mujeres, los judíos o los no creyentes. En cualquier caso, la afirmación de que la Biblia tal como la conocemos hoy fue modificada a fin de expresar opiniones contrarias a las mujeres, los judíos y los paganos no tiene fundamento real en los textos.

■ Los autores escépticos afirman:

"Muchas de las historias bíblicas más valoradas y de las creencias más arraigadas con relación a la naturaleza divina de Jesús, la Trinidad y el origen divino de la propia Escritura se originaron a partir de alteraciones tanto accidentales como intencionales de los escribas".[29]

Línea de tiempo

50 d.C.

28–30: Fecha aproximada del comienzo del ministerio de Jesús en la tierra, en el año decimoquinto del reinado de Tiberio César (Lucas 3:1).

33: Pablo vio a Jesús en el camino a Damasco (Hechos 9).

47–49: Pablo realizó su primer viaje misionero al Asia Meno
Roma en el año 49 d.C. porque provocaron disturbios «instig

66–70: D
Como co

(Cortesía de la Colección Schøyen, Oslo y Londres)

Los biblistas tienen a su disposición unos 5700 manuscritos antiguos. Si bien muchos de estos manuscritos contienen el Nuevo Testamento completo, la mayoría son copias parciales; fragmentos hallados en las arenas de Egipto o en monasterios en Europa y en Asia occidental. En total, estos manuscritos suman más de dos millones de páginas, y en estas más de dos millones de páginas se identificaron entre 200.000 y 400.000 variantes ya sea en las expresiones usadas o en la grafía de las palabras. Una versión completa del Nuevo Testamento en griego tiene aproximadamente 138.000 palabras, de modo que *sí es* verdad que el total de diferencias supera el número de palabras en un manuscrito completo del Nuevo Testamento en griego. Pero el dato que los escépticos no transmiten claramente a los lectores es que se trata de *variantes absolutamente insignificantes.*

La mayoría de estas 400.000 variantes se explican a partir de diferencias en la grafía o el orden de las palabras, o la relación entre el sustantivo y el artículo definido; variantes de menor importancia y muy fáciles de identificar. Una vez contabilizados los errores ortográficos y las pequeñas variaciones en el orden de las palabras, la coincidencia entre la totalidad de los manuscritos bíblicos conocidos ¡alcanza el 99%! En cuanto al resto de las variantes, ninguna compromete elementos esenciales de la fe cristiana.

■ Los autores escépticos afirman:

"Los escribas que no estaban totalmente conformes con el contenido de los libros del Nuevo Testamento alteraban los textos a fin de que estos [...] se opusieran más firmemente a los herejes, las mujeres, los judíos y los paganos".[26]

■ El verdadero fundamento histórico:

Habida cuenta de que disponemos de más de 5700 manuscritos y fragmentos del Nuevo Testamento, nadie pudo haber alterado partes significativas del Nuevo Testamento sin que dichas modificaciones saltaran rápidamente a la vista. En los pocos casos en que hubo intentos de cambio, se puede reconstruir el texto original –excepto en un muy pequeño número de casos– a la luz de los manuscritos más antiguos del Nuevo Testamento.[27]

(continúa en pág. 8)

ROSE ESPAÑOL

Un sello editorial de Hendrickson Publishing Group
© 2008 Bristol Works, Inc.
Rose Publishing, LLC
www.hendricksonrose.com

Agradecemos la colaboración de Alfred J. Hoerth, Director Emérito Dpto. de Arqueología, Wheaton College (Illinois, EE.UU.); Lew Whallon.

Traducción al español: Nora Redaelli

Autor: Timothy Paul Jones, Doctorado en Educación

Material extractado © 2007 Dr. Timothy Paul Jones. Extracto del libro *Misquoting Truth: A Guide to the Fallacies of Bart Ehrman's Misquoting Jesus,* InterVarsity Press. Todos los derechos reservados. Reproducción autorizada.

ISBN 978-162862-915-6

S603X *Por qué confiar en la Biblia* SKU: 629158
Minoristas: Paquete de 5 folletos = ISBN: 9781628629347 SKU: 629347